こんな世界を、上手に生きる

酒巻洋子

産業編集センター

不安定なこの世界を

ゆるゆると機嫌良く生きるために私ができること

1

自分との向き合い方

言い訳をやめると
心が自由になる

“慣れ”が解決してくれることもある

予想外のことが起こっても慌てない、騒がない。
一息ついて
次のことを考える

ルーチンを繰り返すうちに
気持ちが整ってくる

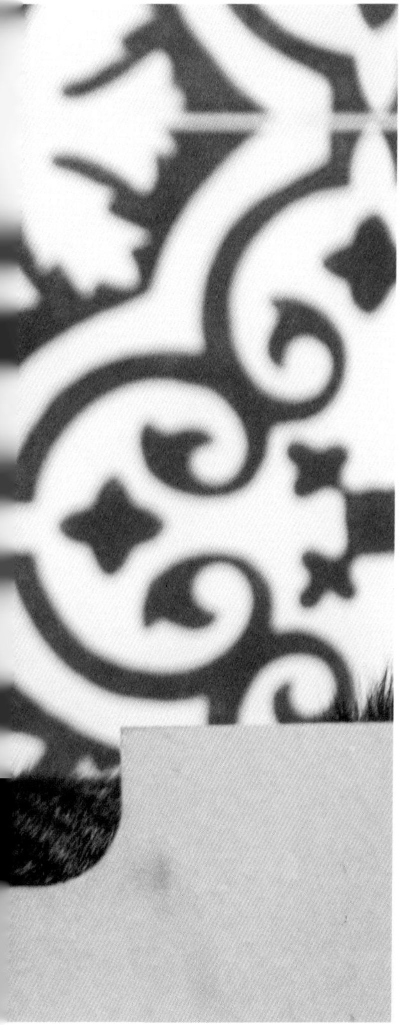

“自分にとっての幸せ”を意識する

“マイペース”のために
心に1枚ドアを挟む

大切な場所は全身で守る

この苦手意識がどこからくるのか
自分で自分を調べる

ギブアップする勇気をもつ

寝る前に考え事をするのはやめよう

挨拶は自分から。

気持ちよく過ごすためのマイルール

気持ちがうまく伝わらなくても
イラつかない
くさらない
あきらめない

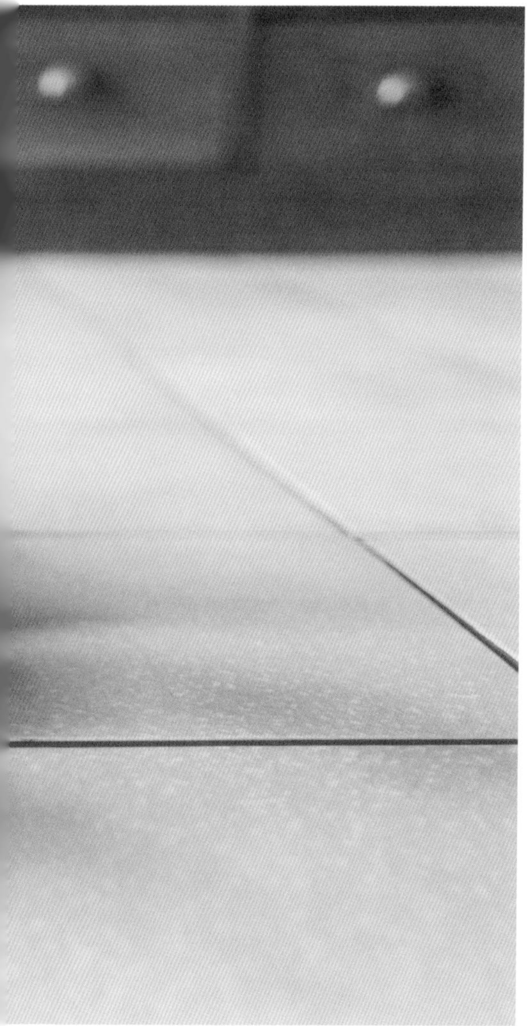

行き詰まった時には関係のないことを考えてみる

自分の大切なものを守れるのは
自分だけ

パワー不足は知恵でカバーする

誰かを羨んだってしょうがない。
自分と自分の場所を大切にする

一つのことにこだわりすぎていないか…
かえりみることが大切

考えなしに口にする言葉はとても危険。
5秒数えながら大きく深呼吸しよう

今まで気にしていたことが
大したことではないと気づく

「わたし」にとらわれすぎてはいけない。
自意識を手放そう

2

人との付き合い方

ごちゃまぜになった自分の問題と
相手の問題を整理する。
それだけでラクになる

人の機嫌はとらなくていい

“良い距離感”ってなんだろう…

HUNTER

相手の警戒心を解くために、
自分からスキをつくる

大切なことは雑談の中に隠されている

自分の好みと合わなければ断ったっていい。
毅然とした態度で、やんわり断る

怒りを鎮めるための、
一瞬の、思考停止

歩み寄りは

可能性と希望を手にいれるチャンス

人間関係にとって
思い込みは最大の敵

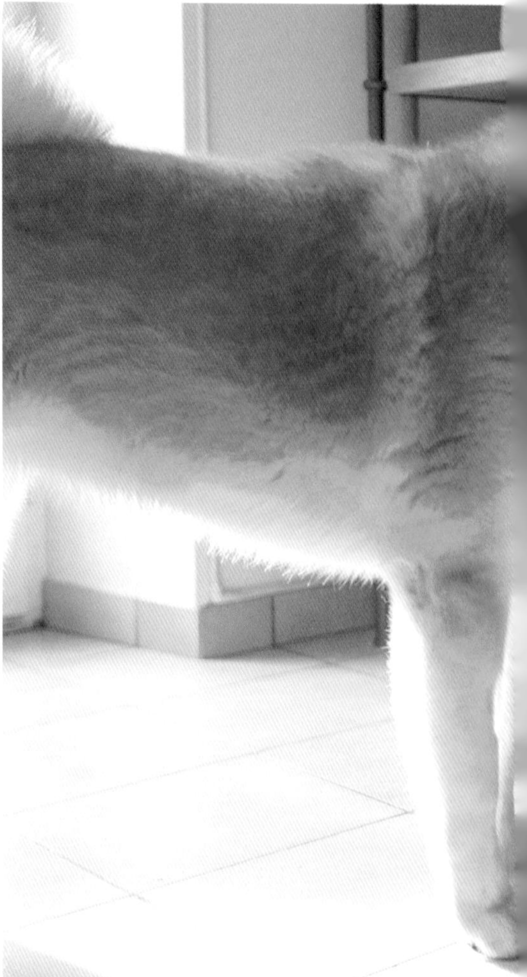

どんな間柄であっても
言ってはいけない言葉があることを
肝に命じておく

POST CARD

料金受取人払郵便

小石川局承認

9109

差出有効期間
2021年
11月30日まで
(切手不要)

112-8790

127

東京都文京区千石4-39-17

株式会社　産業編集センター

出版部　行

★この度はご購読をありがとうございました。
お預かりした個人情報は、今後の本作りの参考にさせていただきます。
お客様の個人情報は法律で定められている場合を除き、ご本人の同意を得ず第三者に提供することはありません。また、個人情報管理の業務委託はいたしません。詳細につきましては、「個人情報問合せ窓口」（TEL：03-5395-5311〈平日 10:00 ～ 17:00〉）にお問い合わせいただくか「個人情報の取り扱いについて」（http://www.shc.co.jp/company/privacy/）をご確認ください。

※上記ご確認いただき、ご承諾いただける方は下記にご記入の上、ご送付ください。

株式会社 産業編集センター　個人情報保護管理者

氏　名《ふりがな》

（男・女／　　　歳）

ご住所　〒

TEL：

E-mail：

新刊情報をDM・メールなどでご案内してもよろしいですか？	□可　□不可
ご感想を広告などに使用してもよろしいですか？	□実名で可　□匿名で可　□不可

ご購入ありがとうございました。ぜひご意見をお聞かせください。

■ お買い上げいただいた本のタイトル

ご購入日：　　　　年　　月　　日　　書店名：

■ 本書をどうやってお知りになりましたか？

□ 書店で実物を見て
□ 新聞・雑誌・ウェブサイト（媒体名　　　　　　　　　　　　　　　　　　　　）
□ テレビ・ラジオ（番組名　　　　　　　　　　　　　　　　　　　　　　　　　）
□ その他（　　　　　　　　　　　　　　　　　　　　　　　　　　　　　　　　）

■ お買い求めの動機を教えてください（複数回答可）

□ タイトル　□ 著者　□ 帯　□ 装丁　□ テーマ　□ 内容　□ 広告・書評
□ その他（　　　　　　　　　　　　　　　　　　　　　　　　　　　　　　　　）

■ 本書へのご意見・ご感想をお聞かせください

■ よくご覧になる新聞、雑誌、ウェブサイト、テレビ、
よくお聞きになるラジオなどを教えてください

■ ご興味をお持ちのテーマや人物などを教えてください

ご記入ありがとうございました。

自分の感情に振り回されてツライ時には、
誰かのことを思いやる

「ごめんなさい」はきちんと受け止める

真似してみる。

新発見があるかもしれない

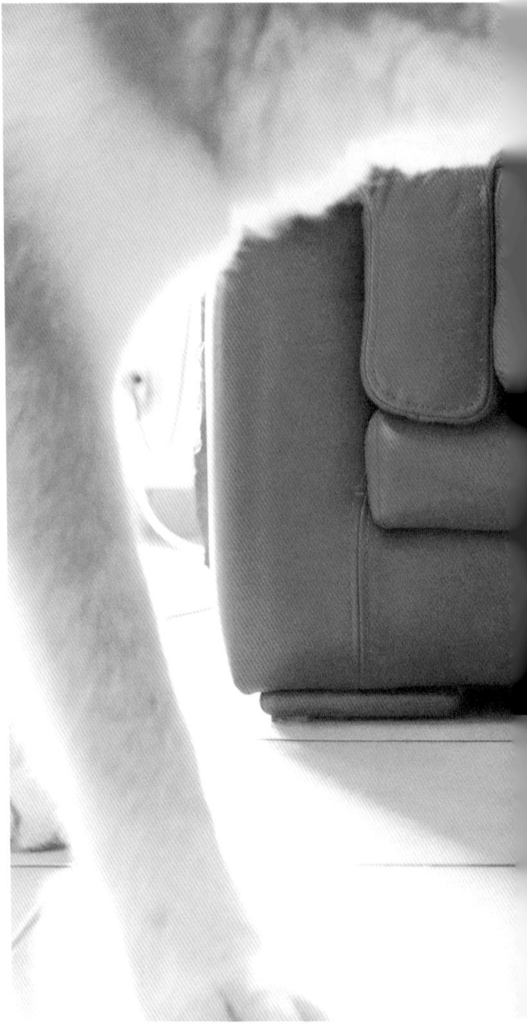

お互い様と思えば
張り詰めた気持ちがゆるむ

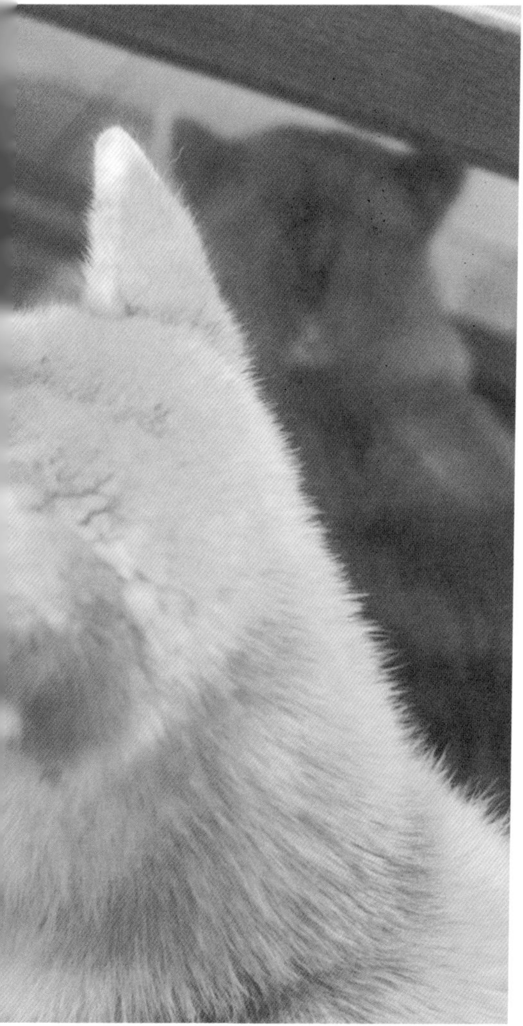

人の好奇心は
静かに受けて
静かに流す

興味を持てば
距離は自然に縮まる

以心伝心という幻想。
伝える努力を怠らない

向こう側から見てみる。
実は同じことを考えているのかもしれない

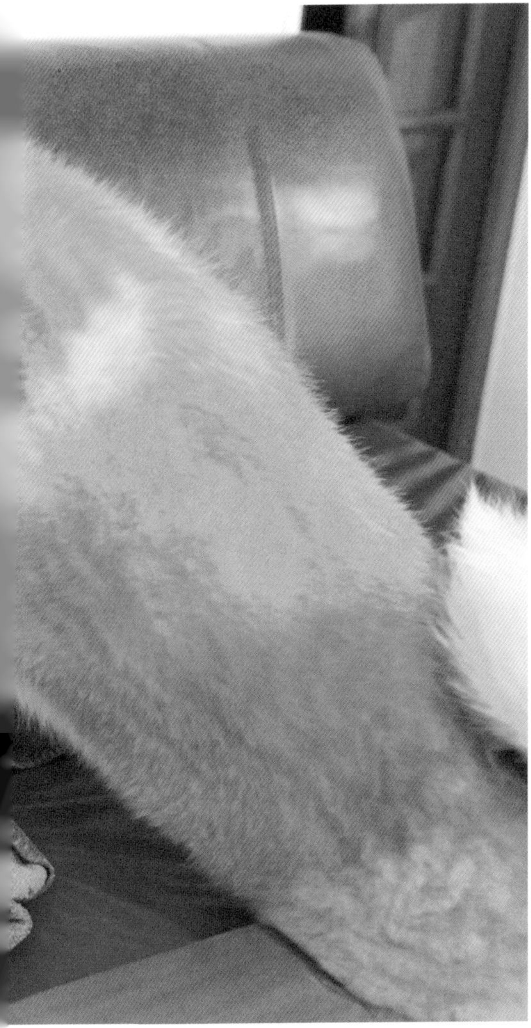

理解に必要な時間を惜しまない

ひとりぼっちと思うか
未来に友達が待っていると思うか

同じ方向を目指す
仲間がいることを忘れない

コミュニケーションは
小さな瞬間に生まれる

相手も自分も
足りない部分があるのが当たり前。
補い合えばいいだけのこと

3
世界の見方

知識と想像力が
思いやりを形づくる

心の目で見る

できない理由を探すのは簡単。
ちょっとだけ勇気を出して、一回試してみよう

嫌なら逃げる。
逃げられるうちに逃げる

自分の中にある
マイノリティーな部分に気づいた時、
"常識"が変わる

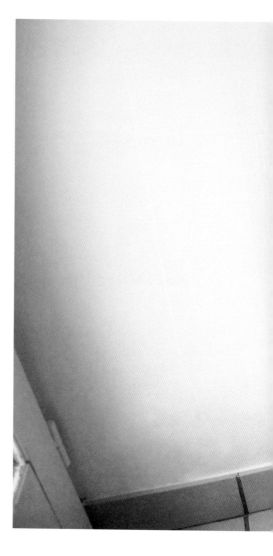

大勢が集まるところに、
大きなサカナはいない

群れるとか、群れないとか
表面的なことに惑わされない

目の前のことだけで判断するのは危ない。
少し先の未来を意識する
（チビだと思っていても、あっという間にデカくなるぞ）

時には一致団結して権利を主張する

ゆったり堂々としていれば
揉め事には発展しない

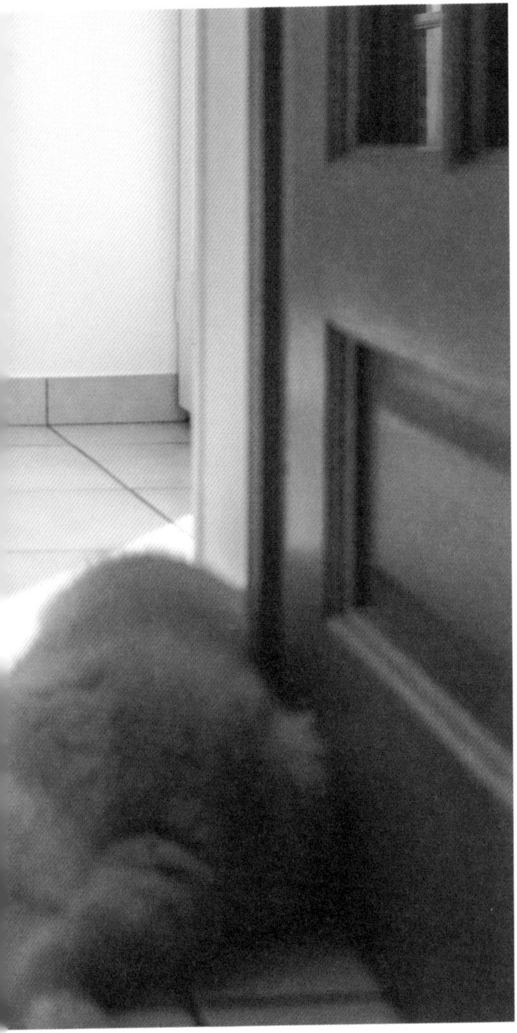

離れることで見えてくるものがある

寝た子は起こさない

NO! ははっきり示すこと。
たとえ相手が大勢であっても
（数ニ負ケテハイケナイ）

自分との違いを、正そうとしてはいけない
正義が持つ暴力性を自覚せよ

できること／できないことを知る。
できることを驕《おご》らない、
できないことに絶望しない

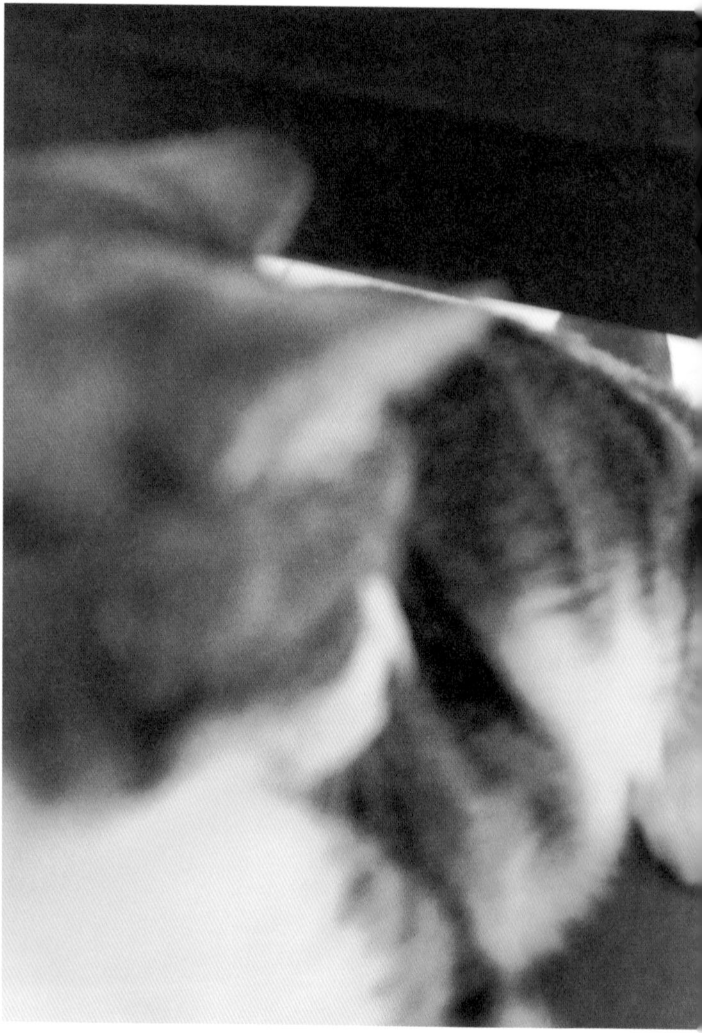

相手が鬱陶しい、
そう思うことを
許されているのだと気づく

愛はそれぞれ。
その表現もそれぞれ

腹を立てたって仕方ない。
自分一人で生きているわけではないのだから

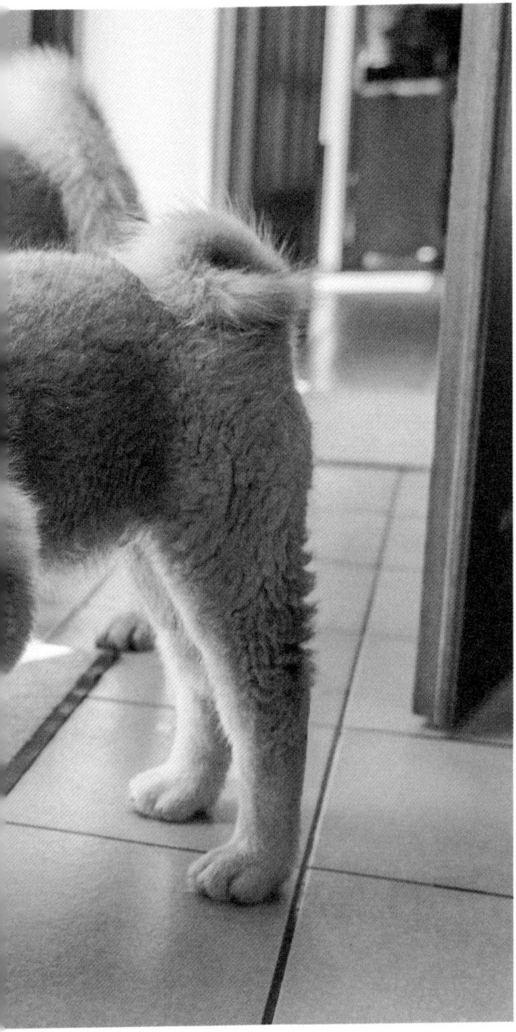

大概のことは大目に見る。
人に対しても、自分に対しても

人生は思い通りにはならない、
という事実を
時々、思い出しておく

理解することにこだわらない。
気まぐれで曖昧な部分を残しておく

物事はたいてい理不尽なものだ。
いちいち目くじらを立てない

気がつかないところで
誰かに支えられている

自分との違いに気づいてなお、
寛容であること。
まわりに振り回されずに
機嫌良く生きるための秘訣

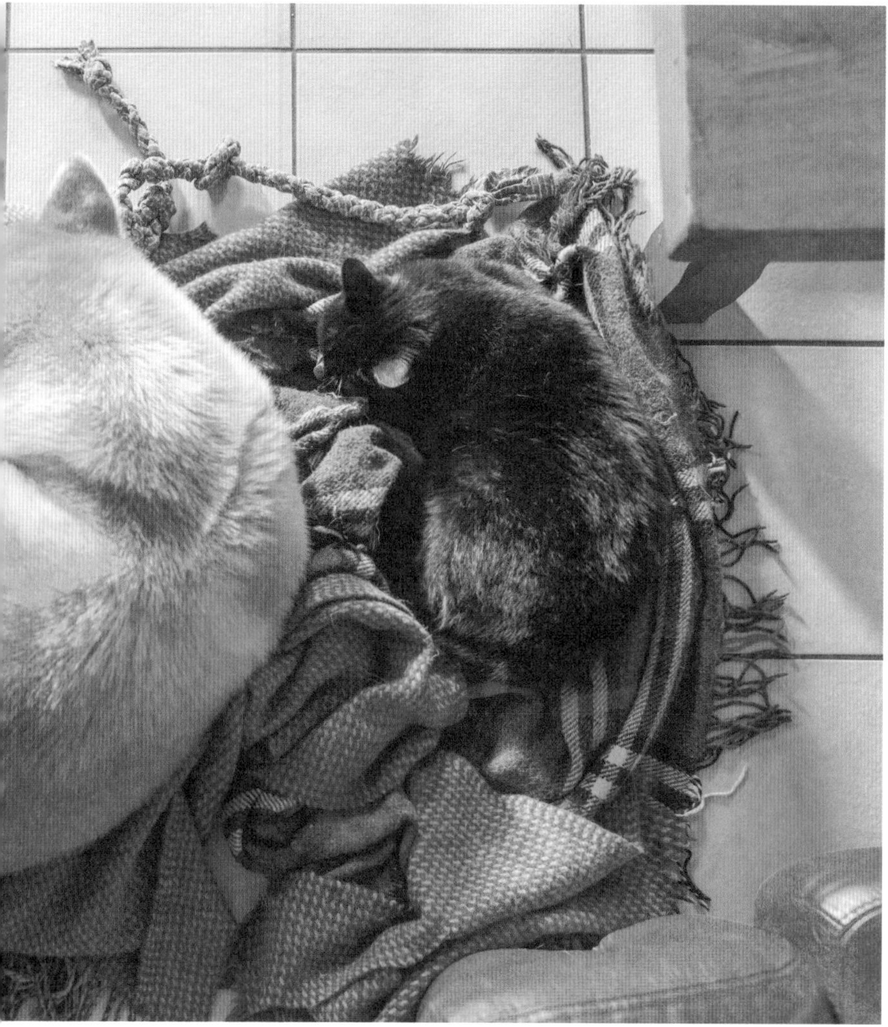

Kurokuro　クロクロ

黒猫 / 9歳 / メス

うちの中庭にある納屋で生まれた６匹の子猫の末っ子（推定）。完全に真っ黒ではなく、母猫譲りの白いよだれ掛けをつけ、お腹のあたりにうっすら白いパンツを履いている。夏はごはん以外には家に帰って来ない遊び猫だけれど、冬になると食事中はキッチンで、仕事中は仕事場で、１日中私の膝の上から動かない甘え猫。超マイペースで余計なお世話をされるのは好きではない。でも、甘えたい時は人間、犬、誰彼構わず、自分から寄って行く。ケンカを売ってくる兄猫のパシャが大嫌い。

Pacha　パシャ

サバ白猫 / 9歳 / オス

クロクロと一緒に生まれた子猫のうちの三男（推定）。各脚に白い手袋をつけ、背中にもホワイトスポットがある。生後3カ月でパリの新しい飼い主の家へ、「パリにゃん」となるべく巣立つが、アパルトマン暮らしが合わず、4カ月後に出戻り。超神経質で、些細なことにも大騒ぎする肝っ玉の小ささ。私以外の人間に寄って行くことは稀ながら、ソファーで寝ている家人の上は自分の寝床と決めている。嫉妬深く、妹猫のクロクロが気に入らない。でも、ちょっかいを出してくる犬にはなぜか寛容。

あとがき

フランスの北西に位置するノルマンディー地方で、クロクロとパシャは暮らしています。我が家では牧草地と果樹園を所有しているため、約15ヘクタールの敷地は生まれた時から猫たちの遊び場です。馬や牛、羊、ニワトリの世話をしに牧草地に行く私の後について、一緒に散歩をすることもしばしば。広々とした牧草地の中で見る彼らの姿はなんと小さく、そして猫から見れば、馬や牛たちはなんと巨大に見えることでしょう。それでも、クロクロとパシャは飄々と、時にはダッシュで牧草地を駆け巡ります。

そんな動物小国で暮らしている２匹ですが、５年前から家主が趣味で秋田犬のブリーディングを始めてしまったから、さらに大変。最初はメスとオスの子犬が２頭増えただけだったのですが、それらが大きな成犬になったと思うと、時々わんさか子犬が生まれてくることに。2019年には７頭もの子犬で、家の中を占拠される羽目になったのです。

本来ならば、猫にとってはストレスフルであるだろう我が家の状況ですが、当の猫たちはこれが生家と達観しているのか、物好きな家主とあきらめているのか、すんなり順応しているように見えます。何といっても外猫なので、家の中にいたくなければ、外に出て行くこともできるのですが、子犬がわらわらしている横で、クロクロもパシャもいつも通りに爆睡しています。

中でも我が家に残すことになったメスの子犬には、最初からうるさく付きまとわれ、猫パンチをくらわすことも。その子犬が成長するとともに、時には猫たちの方からも、親愛の仕草を見せるようになったことには驚きました。孤独を愛し、自由気ままなイメージがある猫ながら、環境の変化への適応力もちゃんと備えている。そして動物同士にも、それぞれの関係の築き方があるようです。

2020年は新型コロナウィルスで、世界中が不安の渦中に巻き込まれました。フランスでも２カ月間の外出制限が敷かれ、行動範囲や交友関係が限定されることに。制限が解除され、夏のヴァカンスに突入するとともに人々の移動が活発化し、現在感染者数が再度増えている模様です。パリでは公共空間においてマスク着用が義務付けられ、コロナ禍は消息する気配がありません。

考えてみれば、限定された空間で限られたメンバーとともに暮らす猫たちは、コロナ禍にある私たちのような状況に、常にいるのかもしれません。特に外猫で、定期的に家の中に子犬の数が増えるという、特殊な我が家で暮らすクロクロとパシャは、さぞかし不安定な世界に生きていることでしょう。それでも彼らは猫としてあるがままの姿を崩さず、自分の置かれた環境をそのままに受け入れている気がします。そんな猫たちの生き方から、人間である私たちも学べることがあるのではないでしょうか？

最後に、企画を提案してくださった産業編集センターの福永さん、写真に添える言葉に助言をくださった営業部のみなさまに、心よりお礼を申し上げます。コロナ後の世界がどのようなものであれ、私たち人間も「人間らしさ」を忘れずに生きていきたいものですね。

2020年夏の終わり　酒巻洋子

酒巻洋子　**Yoko SAKAMAKI**

編集ライター／カメラマン
女子美術大学デザイン科卒業後、料理学校、ル・コルドン・ブルーに留学のため渡仏。帰国後、編集プロダクション、料理雑誌の編集部を経てフリーに。2003年、再度渡仏し、現在パリとノルマンディーを行き来する生活を送る。著書に『フランス　バゲットのある風景』『パリにゃん』シリーズ、『フランス人とパンと朝ごはん』『フランス人と気の長い夜ごはん』『“結婚”をやめたパリジェンヌたち』『フランスから届いた パンのはなし』（すべて産業編集センター）、『猫とフランス語』（三修社）、『秋田犬のおやこ』（翔泳社）など多数。パリのお散歩写真は「いつものパリ（paparis.exblog.jp）」にて公開中。
● instagram　@normaninuneko　@parinien

こんな世界を、上手に生きる

2020年10月14日　第一刷発行

著者　酒巻洋子
撮影　酒巻洋子
ブックデザイン　三上祥子（Vaa）
編集　福永恵子（産業編集センター）

発行　株式会社産業編集センター
〒112-0011　東京都文京区千石4-39-17
tel　03-5395-6133
fax　03-5395-5320

印刷・製本　株式会社シナノパブリッシングプレス

ISBN978-4-86311-276-6　C0095